Para

De

Para Samuel y Libby,
con mucho amor, S. T.

Para Jean Kemp y el maravilloso equipo
de la guardería de Leaden Hall, K. S.

Texto copyright © 2006 por Sarah Toulmin

Ilustraciones copyright © 2006 por Kristina Stephenson

La edición original fue publicada en inglés con el título *Baby's Little Bible* por Lion Husdon plc, Oxford, Inglaterra. Esta edición copyright © 2011 por Lion Hudson.

Edición en castellano: *Pequeña Biblia para bebés*, © 2014 por Editorial Portavoz, filial de Kregel Publications, Grand Rapids, Michigan 49505. Todos los derechos reservados.

EDITORIAL PORTAVOZ
2450 Oak Industrial Dr. NE
Grand Rapids, Michigan 49505 USA
Visítenos en: www.portavoz.com

ISBN: 978-0-8254-5570-4

Impreso y encuadernado en China
Printed and bound in China

Pequeña
BIBLIA
PARA BEBÉS

Relatada por Sarah Toulmin
Ilustraciones por Kristina Stephenson

EDITORIAL
PORTAVOZ

Contenido

Antiguo Testamento

Nuevo Testamento

Historias del
Antiguo Testamento

Las historias del Antiguo Testamento hablan sobre el Dios que hizo todas las cosas en el mundo.

En el principio

En el comienzo de todo, no había nada.

Dios dijo: «Que haya luz».

¡Caramba!

El mundo empezó a existir.

Entonces, Dios hizo todas
las cosas que hay en él.

¡Vaya!

Dios estaba satisfecho.

Dios hizo al hombre y le dijo:
«Tu nombre es Adán».

Dios hizo a la mujer y le dijo:
«Tu nombre es Eva».

Dios les dijo: «Cuiden de este maravilloso
mundo».

Días lluviosos

Un día, Dios miró desde el cielo y dijo:

«¡Oh, vaya! Las personas han estropeado mi maravilloso mundo».

 Entonces Dios se acordó de Noé. Noé era un hombre bueno.

Dios le dijo a Noé: «Tengo un plan. Voy a empezar el mundo de nuevo. Necesito que construyas un barco muy grande».

Noé obedeció.

Dios le dijo: «Lleva a tu familia en el barco. Lleva a dos animales de cada especie».

17

Dios envió la lluvia.
Llovió y llovió.

¡Plic!

¡Plic!

¡Ploc!

El barco empezó a flotar.

Flotó hacia
arriba muy
alto.

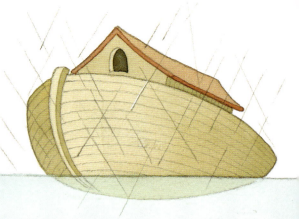

Luego flotó
hacia abajo.

¡PLUM!

El agua fue bajando.

Dios dijo: «Sal del barco.
Comienza el mundo otra vez».

«¡Mira el arco iris!
Es la señal de mi
promesa: Mantendré el
nuevo mundo a salvo
para siempre».

23

Dios elige una familia

Había una vez, un hombre y su esposa. Estaban tristes.

«No tenemos hijos. No tendremos nietos».

La esposa veía a las otras mamás y a sus hijos, y lloraba.

Una noche estrellada, el hombre escuchó hablar a alguien.

Era Dios.

Dios le dijo: «Escucha, Abraham, tú y tu esposa Sara tendrán un hijo. Le llamarán "Isaac". Él tendrá hijos. Sus hijos tendrán hijos».

Dios le prometió: «Tú familia crecerá y crecerá. Serán mi pueblo. Yo cuidaré de ellos».

Abraham y Sara amaban a su pequeño bebé Isaac.

Una túnica especial

Isaac tuvo un hijo llamado Jacob. Y Jacob tuvo muchos hijos. Su favorito era José.

Jacob le dio a José una túnica muy especial.

José presumía diciendo: «Soy especial».

Los hermanos mayores de José estaban enojados y le dijeron a José: «No te queremos».

«¡Vete, y no vuelvas nunca!».

Les pidieron a unos hombres que
se lo llevaran.

Fueron a Jacob y le dijeron: «Algo
malo ha pasado. José se ha ido. Hemos
encontrado este pedacito de su
túnica».

Jacob dijo llorando:
«¡Pobre, pobre José!».

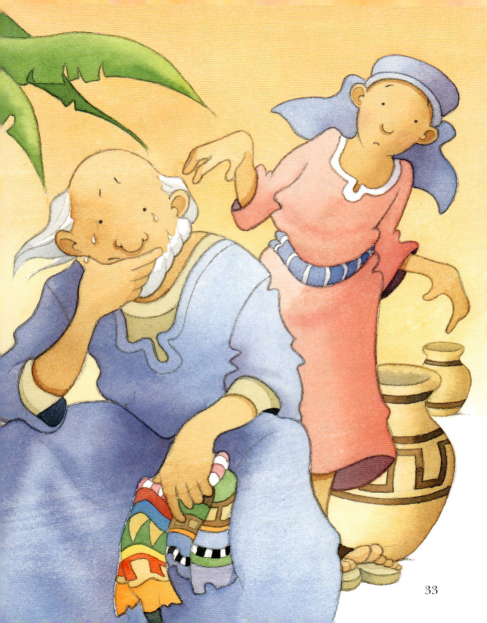

33

En una tierra muy lejana, Dios cuidó de José.

El rey de esa tierra le puso al cargo de cosas importantes.

Un día, los hermanos de José fueron a esa tierra. Fueron a ver a la persona encargada.

No sabían que era José, pero José les reconoció.

Ellos le dijeron: «Necesitamos comprar comida».

«Umm —dijo José—. No sé si confiar en ustedes».

Al final, José quiso que volvieran a ser amigos.

«¡Yo soy su hermano perdido! —les dijo—. Vengan y vivan en esta tierra».

Ellos gritaron: «¡Hurra!».

Dios había cuidado de todos.

Un nuevo hogar

La mamá y su hijita estaban llorando.

Al final, dijeron: «Debemos esconder al bebé. El malvado rey está buscando bebés varones».

Escondieron al bebé cerca del río. Una princesa lo encontró.

Juntas, decidieron mantener a salvo al bebé Moisés.

Cuando el bebé Moisés creció, se dio cuenta de lo malvado que era el rey. Obligaba a las personas a trabajar muy duro.

Un día, Dios le habló a Moisés a través
de una zarza envuelta en fuego. Le
dijo: «Debes ayudar a mi pueblo.
Llévalos lejos del malvado rey».

Moisés fue a ver al rey y le dijo:
«Deja ir al pueblo. Déjales
encontrar un nuevo hogar».

Pero, el rey dijo:
«¡No, no y no!».

Entonces, Dios le dijo a Moisés: «Yo haré que el rey cambie de opinión. Yo guiaré al pueblo hacia un nuevo hogar. Tú dirige el camino. Yo haré una senda en medio del mar».

El pueblo dijo: «¡Hurra! Dios es nuestro Dios. Nosotros somos el pueblo de Dios».

Partieron para encontrar su nuevo hogar.

Los muros caen

Moisés envejeció.

Josué era valiente y fuerte.

Moisés le dijo: «Por favor, guía al pueblo hasta su nuevo hogar».

«Vamos —dijo Josué al pueblo—. Ya casi estamos allí».

Llegaron a una gran ciudad con enormes muros e inmensas puertas.

Josué dijo: «¡Oh, no!».

«Escúchame —dijo Dios—. Marchen alrededor de la ciudad. Marchen cada día».

Día 1

Día 2

Día 3

52

Día 4

Día 5

Día 6

Preparados...

Día 7

¡Ta-tata-chán!

¡Hurra!

¡CRASH!

¡Los muros de la ciudad se derrumbaron!

«Dios nos ha guiado a nuestro nuevo hogar —dijo Josué—. Dios nos ama, y nosotros debemos amar a Dios».

El gigante y el muchacho

El gigante se llamaba Goliat. Era muy fiero. No le gustaba el pueblo de Dios.

Él los asustaba mucho.

«¡Ja, ja, ja! —se reía Goliat—. ¡Vengan a luchar contra mí!».

El muchacho se llamaba David.

David dijo: «Yo lucharé contra ti».

Goliat respondió: «¡Ja, ja, ja!
Tú eres muy pequeño».

Y continuó: «¡Ja, ja, ja! Yo tengo
una gran espada. Tú solo tienes
un puñado de piedras».

59

David le respondió: «Yo confío en Dios».

Y lanzó una piedra.

¡PUM!

Goliat cayó al suelo.

David era pequeño, pero puso su confianza en un gran Dios.

El gran pez

Dios le habló a Jonás.

Le dijo: «Por favor, ve a Nínive. Las personas allí hacen cosas malas. Diles que paren».

Jonás se quejó: «No me gustan las personas de Nínive. No quiero ir allí».

Jonás decidió
ir a otro lugar.

Fue hacia el mar.

Jonás preguntó: «¿A dónde va
el barco?».

El marinero respondió: «A España».

Jonás le dijo: «Quiero ir allí».

El marinero le contestó: «Sube a bordo».

Esa noche, Dios envió una tormenta.
El barco se balanceaba.

«¡Ayuda!» —gritaron los marineros.

«Oh, vaya —sollozó Jonás—. Es todo
por mi culpa. He desobedecido a
Dios».

«Lo sentimos por ti —dijeron los
marineros—. Pero…».

¡SPLASH!

Jonás se hundió en el profundo,
profundo mar.

Un gran pez nadaba por allí.

GLUP!

69

¡HIP!

«Oh —exclamó Jonás—. Dios me mantuvo con vida».

«¿Qué haré ahora? ¡Ya sé! Iré a Nínive.
Les diré a las personas que dejen de
hacer cosas malas».

Las personas de Nínive escucharon a
Jonás.

Ellos dijeron: «Hemos sido malos».

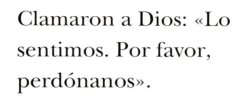

Clamaron a Dios: «Lo sentimos. Por favor, perdónanos».

Y Dios les perdonó.

Leones
hambrientos

Daniel amaba a Dios. Él hablaba con Dios todos los días.

Su oración era esta: «Ayúdame a hacer lo que está bien».

Daniel trabajaba también para el rey.

«Es mi mejor trabajador —dijo el rey—. Le daré el mejor trabajo».

Los otros trabajadores estaban
enojados.

«Vamos a meter a Daniel en
problemas».

«Vamos a decirle al rey
que castigue a la gente
que hace oraciones. Luego
le hablaremos de Daniel».

«Je, je, je».

El plan funcionó.

«Lo siento, Daniel —dijo el rey—.
Me han engañado».

Daniel tenía que ir al foso de los leones.

El rey le dijo apenado: «Dios te bendiga».

Los leones hambrientos gruñían: «*GRRRR*».

Pero Dios mantuvo a
Daniel a salvo.

«¡Hurra! —dijo el rey—. Daniel sigue siendo mi mejor trabajador. Y el Dios de Daniel es el mejor del mundo».

Historias del Nuevo Testamento

Las historias del Nuevo Testamento hablan todas sobre Jesús.

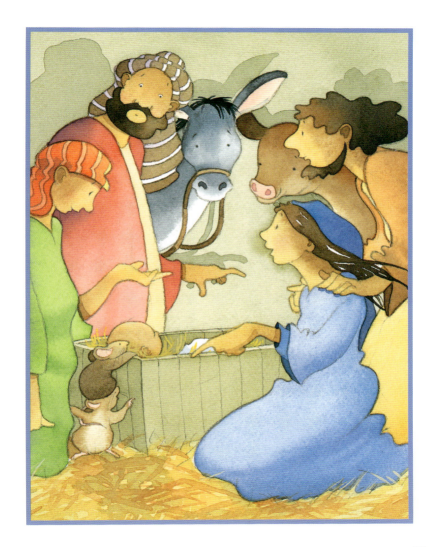

El bebé Jesús

Un día, Dios envió un ángel con un mensaje.

«Hola, María —dijo el ángel—. Dios te ha escogido. Vas a ser mamá. Tu bebé será el hijo de Dios. Le llamarás "Jesús"».

María estaba confusa.

Y también estaba un poco
asustada.

José también estaba confuso. «Me quiero casar con María —dijo José—. ¿Qué debo hacer ahora?».

Entonces llegó un ángel con un mensaje.

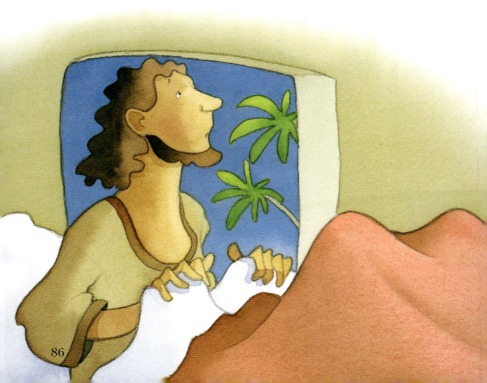

«Por favor, cásate con María. Por
favor, cuida de ella».

«Lo haré —dijo José—.
Seremos una familia».

Juntos se fueron a Belén. Tuvieron que quedarse en un establo.

El bebé de María nació allí.

No tenían una cuna. Ella acostó a Jesús en un pesebre.

En las montañas, había pastores.

Entonces llegó un ángel con un mensaje.

«El hijo de Dios ha nacido en Belén. Dios va a bendecir a todos en la tierra».

Aparecieron más ángeles. Entonaban canciones felices.

Los pastores fueron a Belén.
Encontraron al bebé Jesús.

«El ángel tenía razón» —se
decían entre ellos.

Y le dijeron a María:
«Tu bebé debe de ser
muy especial».

En el cielo, muy alto, brillaba una estrella.

Desde muy lejos, unos hombres sabios la vieron.

«Dios ha puesto la estrella en el cielo para decirnos que ha nacido un nuevo rey. Iremos y lo encontraremos».

Fueron a Belén. Le llevaron regalos:

oro,

incienso

y mirra.

Eran regalos para un rey.
Eran regalos para el hijo de
Dios.

Jesús y su mensaje

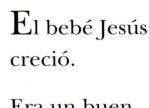

El bebé Jesús creció.

Era un buen hijo. Trabajaba para ayudar a su familia.

También era el Hijo de Dios. Tenía
trabajo que hacer para Dios.

«Escuchen —le decía a la gente—.
Tengo buenas noticias. Dios les ama.
Ustedes son hijos de Dios».

«Miren los pájaros: Dios los cuida».

«Miren las flores: Dios las cuida».

«Dios cuidará de ustedes».

Era mucho trabajo contar las buenas noticias.

Jesús escogió amigos para que le ayudaran.

Algunos eran pescadores. Jesús les vio junto al Mar de Galilea. Estaban en sus barcas. Estaban pescando.

Jesús les dijo: «Vengan y síganme».

Ellos dejaron todo para estar con Jesús.

Entonces Él escogió más amigos.
Todos dejaron sus trabajos.

«Todos queremos seguir a Jesús
—afirmaron—. Todos queremos
ayudar a la gente para que amen a
Dios».

Jesús tenía muchos otros amigos.
Ellos también ayudaron.

Y dijeron: «Todos queremos ser parte
de la familia de Dios».

Un agujero en el tejado

El hombre estaba tumbado en su camilla. Miró a sus amigos.

Les preguntó: «¿A dónde me llevan?».

«Te estamos llevando a Jesús. No puedes caminar».

«Jesús puede sanar a la gente».

Entonces vieron las multitudes.

«No podemos entrar por la puerta
—dijeron los amigos—. Agárrate
fuerte. Vamos a subir al tejado.
Podemos hacer un agujero en él».

En la casa, la gente
escuchó ruidos.

tap

   tap

tap

  ris   ras

  ris   ras

«¡Cuidado, Jesús! —gritó alguien—.
Viene algo grande».

Era el hombre en su camilla.

Jesús sonrió.

«Dios te perdona —le dijo al hombre—. Ahora, levántate y camina».

«¡Qué es esto! —dijo la multitud—. ¿A qué te refieres, Jesús?».

«¡Se refiere a que puedo andar!» —rió
el hombre. Agarró su camilla y se fue
caminando alegremente.

El buen pastor

Jesús contó la siguiente historia.

Un pastor tenía cien ovejas. Una se perdió.

«Las otras ovejas estarán seguras aquí
—dijo el pastor—. Debo ir y encontrar
mi oveja perdida».

Se fue.

plof

plof

plof

Por fin la encontró.

La llevó a casa.

La puso a
dormir.

Tuvo una
fiesta para
celebrarlo.

Jesús explicó: «Dios es como el pastor. Los hijos de Dios son como las ovejas. Cuando un hijo viene a Dios, Dios se pone muy contento. En el cielo, todos los ángeles cantan».

Panes y peces

Muchas personas
iban a escuchar a
Jesús. Se sentaron
y escucharon
durante horas
y horas.

Una niña le dijo a su madre: «Tengo
hambre».

«Oh, cariño —dijo su madre—, ¡yo
también! Se nos olvidó comer».

Todos tenían mucha hambre.

«Jesús —susurraron sus doce amigos—, la gente tiene que ir a comprar comida».

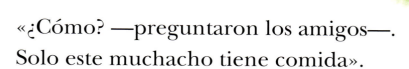

Jesús les dijo: «Nosotros podemos alimentarles».

«¿Cómo? —preguntaron los amigos—. Solo este muchacho tiene comida».

«Tengo cinco panes y dos peces —dijo
el muchacho—. Se los doy a Jesús».

Jesús agarró los panes
y los peces.

Él hizo una oración:
«Querido Dios, gracias
por esta comida».

Le dio un poco a cada uno de sus doce amigos, y les dijo: «Por favor, repartan esto con la gente».

Gracias a un milagro, hubo comida para todos.

Jesús les dijo: «Disfruten de la comida».

Y lo hicieron.

Una terrible tormenta

Un día, Jesús y sus doce amigos estaban en una barca. Querían cruzar el lago.

Jesús estaba cansado. Se quedó dormido.

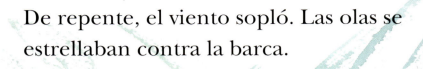

De repente, el viento sopló. Las olas se estrellaban contra la barca.

«¡Ayuda! ¡Ayuda! ¡Ayuda! —gritaron los amigos—. ¡Despierta, Jesús! ¡La barca se hunde!».

Jesús se levantó.

Le habló al viento: «¡Silencio!».
Les habló a las olas: «¡Quietas!».

Le obedecieron inmediatamente.

«¿Por qué tenían miedo?» —preguntó
Jesús.

Los amigos no sabían qué responder.

Todos afirmaron: «Jesús es un amigo
increíble».

La niña pequeña

Jairo estaba muy preocupado.

Corrió a ver a Jesús. «Mi niñita está muy enferma. Por favor, ven y cúrala».

Jesús fue. Todo tipo de gente parecía
meterse en el camino.

En la casa de Jairo, todos estaban llorando.

«La niñita está muerta» —gimieron.

Jesús se puso al lado de su cama.

Jesús le dijo: «Niña, levántate».

Inmediatamente, la niñita se levantó.

Su mamá y su papá aplaudieron y rieron.

Jesús les había hecho felices otra vez.

Una oración

Jesús hablaba con Dios cada día.
A veces, se sentaba en su habitación
para decir sus oraciones.

A veces caminaba por las montañas.

Sus amigos le pidieron: «Enséñanos a orar».

Jesús les dijo una oración corta.

Padre nuestro que estás en el cielo,
que sea siempre santo tu nombre.
Queremos que todos vean que tú
eres rey.
Queremos hacer tu voluntad.
Por favor, danos lo que necesitamos.
Perdónanos cuando hacemos algo
malo.
Ayúdanos a perdonar a otros.
Cuídanos ahora, y siempre.
Amén.

Ya llega el rey

Un día, Jesús fue a la gran
ciudad llamada Jerusalén.

Iba montado en un burro.

Las personas le vieron.

«¡Ya llega el rey!».

«¡Ya llega el rey!» —gritaban.

Agitaban hojas de palmera.

Jesús y sus amigos cenaron juntos.

Compartieron pan juntos.

Compartieron una
copa de vino.

Jesús les dijo: «Acuérdense de mí cuando me haya ido».

La cruz

No todos querían a Jesús. Mandaron soldados para que se lo llevasen.

Los soldados le clavaron a una cruz.

Y ahí murió Jesús.

Los amigos de Jesús estaban muy tristes.

Al final del día, algunos amigos fueron a llevarse el cuerpo de Jesús. Lo pusieron en un sepulcro. Usaron una gran piedra redonda como puerta.

«Adiós, Jesús —dijeron todos—. Ya todo se acabó».

Se fueron a casa llorando.

Llegó la noche.

¡Vivo!

Tan pronto como pudieron, algunos de sus amigos regresaron al sepulcro de Jesús.

La puerta estaba abierta. El sepulcro estaba vacío.

Ángeles hablaron: «Jesús no está aquí. Está vivo otra vez».

Entonces los amigos vieron a Jesús.

Jesús les dijo: «Dios puede solucionarlo todo. Vayan y díganselo a todo el mundo».

Y así lo hicieron.

Bendición

Tú descansa, mi pequeño,

mientras los ángeles te cuidan sin fin.

Y que el amor de Dios te acompañe en tu sueño,

hasta que mañana amanezca por fin.

Amén.